GRADUATION GUEST BOOK

_____

_____

D1531202

CLASS OF 2022

NAME

MESSAGES & WISHES

CLASS OF 2022

NAME

MESSAGES & WISHES

NAME  MESSAGES & WISHES

CLASS OF 2022

NAME

MESSAGES & WISHES

NAME

MESSAGES & WISHES

NAME

CLASS OF 2022

MESSAGES & WISHES

NAME

MESSAGES & WISHES

CLASS OF 2022

NAME

MESSAGES & WISHES

NAME

MESSAGES & WISHES

CLASS OF 2022

NAME

MESSAGES & WISHES

NAME

MESSAGES & WISHES

CLASS OF 2022

NAME

MESSAGES & WISHES

CLASS OF 2022

NAME

MESSAGES & WISHES

CLASS OF 2022

NAME

MESSAGES & WISHES

CLASS OF 2022

NAME

MESSAGES & WISHES

NAME

MESSAGES & WISHES

NAME

CLASS OF 2022

MESSAGES & WISHES

_____

_____

_____

_____

_____

_____

_____

_____

_____

_____

_____

_____

_____

_____

_____

NAME

CLASS OF 2022

MESSAGES & WISHES

NAME

MESSAGES & WISHES

_____

_____
_____
_____
_____

_____

_____
_____
_____
_____

_____

_____
_____
_____
_____

NAME

CLASS OF 2022

MESSAGES & WISHES

_____

_____

_____

CLASS OF 2022

NAME

MESSAGES & WISHES

CLASS OF 2022

NAME

MESSAGES & WISHES

CLASS OF 2022

NAME

MESSAGES & WISHES

CLASS OF 2022

NAME

MESSAGES & WISHES

_____

_____

_____

CLASS OF 2022

NAME

MESSAGES & WISHES

_____

_____

_____

_____
_____
_____
_____
_____
_____
_____
_____
_____
_____

CLASS OF 2022

NAME

MESSAGES & WISHES

NAME

MESSAGES & WISHES

CLASS OF 2022

NAME   MESSAGES & WISHES

CLASS OF 2022

NAME

MESSAGES & WISHES

CLASS OF 2022

NAME

MESSAGES & WISHES

NAME

CLASS OF 2022

MESSAGES & WISHES

NAME

MESSAGES & WISHES

CLASS OF 2022

NAME

MESSAGES & WISHES

CLASS OF 2022

NAME   **MESSAGES & WISHES**

_____   _____

_____   _____

                                     _____

                                     _____

                                     _____

_____   _____

                                     _____

                                     _____

                                     _____

_____   _____

                                     _____

                                     _____

                                     _____

CLASS OF 2022

NAME

MESSAGES & WISHES

NAME

MESSAGES & WISHES

NAME

MESSAGES & WISHES

CLASS OF 2022

NAME

MESSAGES & WISHES

NAME

MESSAGES & WISHES

CLASS OF 2022

NAME

MESSAGES & WISHES

NAME

CLASS OF 2022

MESSAGES & WISHES

NAME

MESSAGES & WISHES

NAME

MESSAGES & WISHES

_____

_____

_____

_____

_____

_____

_____

_____

_____

_____

_____

_____

_____

_____

CLASS OF 2022

NAME

MESSAGES & WISHES

NAME

MESSAGES & WISHES

CLASS OF 2022

NAME

MESSAGES & WISHES

_____

_____

_____

_____

_____

_____

_____

_____

_____

_____

_____

_____

_____

CLASS OF 2022

NAME

MESSAGES & WISHES

NAME

MESSAGES & WISHES

CLASS OF 2022

NAME

MESSAGES & WISHES

CLASS OF 2022

NAME

MESSAGES & WISHES

NAME

MESSAGES & WISHES

CLASS OF 2022

NAME

MESSAGES & WISHES

CLASS OF 2022

NAME

MESSAGES & WISHES

NAME

CLASS OF 2022

MESSAGES & WISHES

NAME

MESSAGES & WISHES

NAME

CLASS OF 2022

MESSAGES & WISHES

_____

_____

_____

CLASS OF 2022

NAME

MESSAGES & WISHES

_____

_____

_____

NAME

MESSAGES & WISHES

NAME

CLASS OF 2022

MESSAGES & WISHES

CLASS OF 2022

NAME   MESSAGES & WISHES

CLASS OF 2022

NAME

MESSAGES & WISHES

NAME

MESSAGES & WISHES

NAME

CLASS OF 2022

MESSAGES & WISHES

NAME

MESSAGES & WISHES

NAME

CLASS OF 2022

MESSAGES & WISHES

_____

_____

_____

_____
_____
_____
_____
_____

_____
_____
_____
_____

_____
_____
_____
_____

CLASS OF 2022

NAME

MESSAGES & WISHES

NAME

MESSAGES & WISHES

CLASS OF 2022

NAME

MESSAGES & WISHES

CLASS OF 2022

NAME

MESSAGES & WISHES

CLASS OF 2022

NAME

MESSAGES & WISHES

CLASS OF 2022

NAME

MESSAGES & WISHES

CLASS OF 2022

NAME   **MESSAGES & WISHES**

CLASS OF 2022

NAME

MESSAGES & WISHES

CLASS OF 2022

NAME

MESSAGES & WISHES

NAME

MESSAGES & WISHES

CLASS OF 2022

NAME

MESSAGES & WISHES

CLASS OF 2022

NAME

MESSAGES & WISHES

CLASS OF 2022

NAME

MESSAGES & WISHES

NAME

MESSAGES & WISHES

CLASS OF 2022

NAME

MESSAGES & WISHES

CLASS OF 2022

NAME

MESSAGES & WISHES

NAME

CLASS OF 2022

MESSAGES & WISHES

NAME

MESSAGES & WISHES

NAME

MESSAGES & WISHES

CLASS OF 2022

NAME

MESSAGES & WISHES

NAME

CLASS OF 2022

MESSAGES & WISHES

CLASS OF 2022

NAME

MESSAGES & WISHES

NAME

CLASS OF 2022

MESSAGES & WISHES

CLASS OF 2022

NAME

MESSAGES & WISHES

NAME

MESSAGES & WISHES

CLASS OF 2022

NAME

MESSAGES & WISHES

CLASS OF 2022

NAME

MESSAGES & WISHES

CLASS OF 2022

NAME

MESSAGES & WISHES

NAME

CLASS OF 2022

MESSAGES & WISHES

CLASS OF 2022

NAME

MESSAGES & WISHES

CLASS OF 2022

NAME

MESSAGES & WISHES

NAME

CLASS OF 2022

MESSAGES & WISHES

NAME

MESSAGES & WISHES

NAME

MESSAGES & WISHES

NAME

MESSAGES & WISHES

CLASS OF 2022

NAME

MESSAGES & WISHES

NAME

CLASS OF 2022

MESSAGES & WISHES

CLASS OF 2022

NAME

MESSAGES & WISHES

NAME

CLASS OF 2022

MESSAGES & WISHES

CLASS OF 2022

NAME

MESSAGES & WISHES

_____

_____

_____

_____

_____

_____

_____

_____

_____

_____

_____

_____

_____

_____

_____

CLASS OF 2022

NAME

MESSAGES & WISHES

CLASS OF 2022

NAME

MESSAGES & WISHES

CLASS OF 2022

NAME

MESSAGES & WISHES

Made in United States
North Haven, CT
15 June 2022